シリーズ
シニアが笑顔で楽しむ⑯

声に出して楽しむ落語

シニアのための滑舌体操　落語8＋小ばなし3

グループこんぺいと 編著
大山敏 原案
カキフライ 画

すみません うちの
寿限無寿限無五劫の
擦り切れ〜〜

黎明書房

はじめに

笑いが健康にいいことは、さまざまな研究で立証されつつあります。また、声を出すことが脳の活性化に有効なことも報告されています。

大きな声を出したり笑ったりすると、顔の表情筋が鍛えられ、若々しい表情を維持することもできます。


そこでシニアの皆さんに、声を出しながら大いに笑っていただきたく、落語の本をまとめてみました。

演目は、多くの人が一度は聞いたことがあるのではと思われるもの、話の流れがわかりやすくオチが心地よいものを選びました。


落語の最大の特徴は、ほかの演芸と違い、一人でしゃべるだけでできることです。一人でいろいろな役柄を演じわけてしゃべります。

皆さんも是非、役に合わせて声を出して楽しんでみてください。朗読風に読んでも、落語風に語っても結構です。うまいもへたもありません。「ワッハッハ」と大きな声を出して笑い、馬鹿をやって楽しんでください。

本書を読み終わったときには、きっと、若返っているはずです……。

大山敏／構成作家

声に出して楽しむ落語

もくじ

落語を楽しむための６か条

その１

落語家になったつもりでやりましょう！

その２

口を大きく開けて、いつもより大袈裟《おおげさ》にしゃべりましょう！

その３

登場人物になりきって演じましょう！

右を向いたり左を向いたり（上下《かみしも》を切り）しながら演じると、一層落語っぽくなるでしょう。

『声に出して楽しむ落語』の楽しみ方①

その4

雰囲気を出すために、正座でやってもいいでしょう！

その5

扇子《せんす》と手拭《てぬぐい》があれば使いましょう！

なければ扇子《せんす》の代わりに割り箸、手《て》拭《ぬぐい》の代わりにハンカチを使ってみましょう！

その6

着物を着たら、あなたはもう落語家です！

『声に出して楽しむ落語』の楽しみ方②

レクリエーションでの取り入れ方

レクリエーションでの進め方

① 1話分をコピーして綴じ、全員に配る。

② まずは、一人ずつ黙読をしてもらう。

③ スタッフが声に出して読む。

④ ト書きをスタッフが、台詞《せりふ》を参加者が一緒に声に出して読む。
・今日は1～2枚目など、範囲を区切ってもよい。

⑤ 登場人物を割り振りする。
・○○さんは亭主《ていしゅ》、○○さんは殿さまなど、一人ずつに割り振る。
・男性は亭主で女性は女房など、男女に分けて割り振る。
・右側の人は亭主、左側の人は女房など、場所で割り振る。
・ト書きはスタッフ、または誰かを指名する。

⑥ 割り振った役で、最後まで通す。

⑦ 慣れてきたら、台詞を一人で演じ分けて話す練習をする。

⑧ 高座《こうざ》（発表会）を開く。

寿《じゅ》限《げ》無《む》

とある夫婦に男の子が生まれた。亭主《ていしゅ》は息子の幸せを願い、いい名前をつけようと和尚《おしょう》に相談する。和尚は縁起《えんぎ》のいい言葉をいくつもあげるが、亭主は選び切れずに、結局、全部の言葉をつないで名前にしてしまった。さて、なんとも長い名前をもった息子。親の願いのごとく幸せになったのか……。

寿限無 1

とある夫婦に男の子が生まれた。
亭主《ていしゅ》は、いい名前をつけたいと、和尚《おしょう》に相談したところ、和尚は、経文《きょうもん》の中の縁起《えんぎ》のいい言葉を次から次へとあげていく。

和尚「寿限無《じゅげむ》」

亭主「ほかには？」

和尚「五劫《ごこう》の擦《す》り切《き》れ」

亭主「ほかには？」

結局選び切れず、全部を名前にしてしまった。

登場人物

■亭主《ていしゅ》（寿限無のお父さん）
■妻（寿限無のお母さん）
■和尚《おしょう》…寿限無の名づけ親
■寿限無
■寿限無の友だち
■寿限無の友だちのお母さん

「寿限無《じゅげむ》　寿限無《じゅげむ》　五劫《ごこう》の擦《す》り切《き》れ　海《かい》砂利《じゃり》水魚《すいぎょ》の　水行末《すいぎょうまつ》雲来末《うんらいまつ》風来末《ふうらいまつ》　食《く》う寝《ね》る処《ところ》に住《す》む処《ところ》　藪《やぶ》ら柑子《こうじ》の藪柑子《ぶらこうじ》パイポパイポ　パイポのシューリンガンシューリンガンのグーリンダイ　グーリンダイの　ポンポコピーの　ポンポコナーの　長久命《ちょうきゅうめい》の長助《ちょうすけ》」

男の子は元気に育ち、寺子屋に通うようになる。
ある朝、友だちが呼びにくる。

寿限無 2

友だち
「寿限無《じゅげむ》　寿限無《じゅげむ》　五劫《ごこう》の擦《す》り切《き》れ
海砂利水魚《かいじゃりすいぎょ》の　水行末雲来末風来《すいぎょうまつうんらいまつふうらい》
末《まつ》　食《く》う寝《ね》る処《ところ》に住《す》む処《ところ》　藪《やぶ》ら柑《こう》
子《じ》の藪柑子《ぶらこうじ》　パイポパイポ　パイポ
のシューリンガン　シューリンガ
ンのグーリンダイ　グーリンダイ
の　ポンポコピーの　ポンポコナ
ーの　長久命《ちょうきゅうめい》の長助《ちょうすけ》くん、寺子屋《てらこや》
行《い》こう」

すると、お母さんが、

POINT

- 口を大きく動かして、一音一音はっきり声に出しましょう。滑舌《かつぜつ》体操としても、口角《こうかく》（唇の両脇）の運動としても効果的です。
- 「寿限無」は役を振り分けず、みんなで一斉に「寿限無…」を声に出してみましょう。

母

「寿限無《じゅげむ》　寿限無《じゅげむ》　五劫《ごこう》の擦《す》り切《き》れ海砂利水魚《かいじゃりすいぎょ》の　水行末雲来末風来《すいぎょうまつうんらいまつふうらい》末《まつ》　食《く》う寝《ね》る処《ところ》に住《す》む処《ところ》　藪《やぶ》ら柑《こう》子《じ》の藪柑子《ぶらこうじ》　パイポパイポ　パイポのシューリンガン　シューリンガンのグーリンダイ　グーリンダイの　ポンポコピーの　ポンポコナーの　長久命《ちょうきゅうめい》の長助《ちょうすけ》、お友《とも》だちが呼《よ》びにきたよ」

友だちは待ちきれず、その間に行ってしまう。あるとき、寿限無《じゅげむ》が友だちの頭にたんこぶを作ってしまった。するとその友だちのお母さんが、

寿限無寿限無五劫の擦り切れ
海砂利水魚の水行末雲来末風来末
食う寝る処に住む処 藪ら柑子の藪柑子
パイポパイポパイポのシューリンガン
シューリンガンのグーリンダイ
グーリンダイのポンポコピーのポンポコナーの
長久命の長助くん、寺子屋行こう

寿限無 3

友だちの母
「おたくの　寿限無《じゅげむ》　寿限無《じゅげむ》　五劫《ごこう》の擦《す》り切《き》れ　海砂利水魚《かいじゃりすいぎょ》の　水行《すいぎょう》末雲来末風来末《まつうんらいまつふうらいまつ》　食《く》う寝《ね》る処《ところ》に住《す》む処《ところ》　藪《やぶ》ら柑子《こうじ》の藪柑子《ぶらこうじ》　パイポパイポ　パイポのシューリンガンシューリンガンのグーリンダイグーリンダイの　ポンポコピーのポンポコナーの　長久命《ちょうきゅうめい》の長助《ちょうすけ》くんに、たんこぶを作《つく》られたんです。どうしてくれるの？」

豆知識

その１　落語の始まり

落語は、江戸時代、江戸や上方（今の大阪）で、人を集めて噺《はなし》を聞かせたのが始まりとされている。もともとは、オチ（落ち）のある滑稽《こっけい》な噺を指し、「落とし噺」と言った。

と訴えてきた。すると、お母さんは、

母「すみません、うちの寿限無《じゅげむ》　寿限無《じゅげむ》　五劫《ごこう》の擦《す》り切《き》れ　海砂利水魚《かいじゃりすいぎょ》の　水行末雲来末風来末《すいぎょうまつうんらいまつふうらいまつ》　食《く》う寝《ね》る処《ところ》に住《す》む処《ところ》　藪《やぶ》ら柑子《こうじ》の藪柑子《ぶらこうじ》パイポパイポ　パイポのシューリンガン　シューリンガンのグーリンダイ　グーリンダイの　ポンポコピーの　ポンポコナーの　長久《ちょうきゅう》命《めい》の長助《ちょうすけ》がそんなことを。本当《ほんとう》にすみません」

あら？、
治ってるわね？、
帰りましょう
すみません、うちの
寿限無寿限無五劫の擦り切れ
海砂利水魚の水行末てて

寿限無 4

とあやまって、たんこぶを見ようとすると、名前を言っている間に、たんこぶが引っ込んじゃった。

（完）

言ってみましょう！

◆実在する有名人の本名です。（諸説あり）

パブロ・ピカソのフルネーム

パブロ・ディエーゴ・ホセ・フランシスコ・デ・パウラ・ホアン・ネポムセーノ・マリーア・デ・ロス・レメディオス・クリスピーン・クリスピアーノ・デ・ラ・サンティシマ・トリニダード・ルイス・イ・ピカソ

目《め》黒《ぐろ》のさんま

秋のとある日、殿様が急に馬を駆《か》って走り出した。途中、目黒のあたりで殿様は空腹を訴えるが、弁当などは用意していない。そんな中、魚の焼ける匂いがしてきた。家来《けらい》が匂いをたどると、百姓《ひゃくしょう》がさんまを焼いている。さんまは庶民の食べもの。殿様が食べる魚ではない。それでも、空腹よりはとわけてもらい、殿様に差し出す。恐る恐る口にする殿様。ところがなんと旨《うま》いこと！　その後も、さんまの味が忘れられず……。

目黒のさんま 1

昔の大名《だいみょう》というのは上の上、庶民のことなどなにも知らなかった。
秋のある日、殿様が馬を駆《か》って走り出す。
唐突に走り出したから、家来《けらい》はなにも持たず、草履《ぞうり》も履かずに追いかけた。目黒を通るころには家来はヘトヘト。

殿様「者《もの》ども遅《おそ》い」

家来「殿《との》、これはあまりにご無道《むどう》な。殿《との》は馬《うま》でございます。われらは駆《か》けでございますから、かなう訳《わけ》がありません」

登場人物

- ■殿様
- ■家来《けらい》
- ■百姓《ひゃくしょう》
- ■親戚の大名の家来

殿様「黙《だま》れ！　さような弱音《よわね》を吐《は》くな。古《いにしえ》の者《もの》はみな、健脚《けんきゃく》だ」

家来「殿《との》、昔《むかし》は昔《むかし》。今《いま》は今《いま》でございます」

などと、話していると、

殿様「だいぶ空腹《くうふく》を覚《おぼ》えた。膳《ぜん》を用意《ようい》せい」

と言う。急に出てきたから弁当などは持参してない。

そのことを告げると、

殿様「余《よ》はこの場《ば》で死《し》ぬぞ」

と言い始める。空腹でお腹がぐーとなる。

目の前に赤とんぼが飛んでいる。

空腹を覚えた
膳を用意せい
ヘト
ヘト
ヘトヘト
早いですよ

目黒のさんま 2

殿様「おい、あのとんぼを食《しょく》そう」

家来「殿《との》、とんぼは食《た》べられるものにございません」

殿様「羽《はね》をむしれば唐辛子《とうがらし》ではないのか」

などと話していると、どこからか魚の焼ける匂いがしてきた。

殿様「この匂《にお》いは何《なん》だ」

家来「はい、これはさんまの焼《や》ける匂《にお》いでございます」

POINT

- 殿様は殿様らしく、家来《けらい》は家来っぽく言ってみましょう。
- さんまを食べる様子を、ゼスチャーで表現してみましょう。

殿様「さんま？　さんまとはいかなるけものか」

家来「けものではございません。下魚《げざかな》でございます」

家来《けらい》が匂いを頼りに歩いていくと、百姓《ひゃくしょう》が七輪《しちりん》でさんまを焼いている。そのさんまを、わけてもらうことになった。端の欠けた皿に焦げたさんまと大根おろしをのせて殿様に。

百姓「お待《ま》たせしました」

殿様「かたじけない。後《のち》ほど褒美《ほうび》をとらすぞ」

さんまの焼ける匂いでございます
この匂いは？

目黒のさんま 3

殿様は赤い鯛《たい》しか食べたことがない。初めて見る黒くて長細い魚には、まだ消し炭も付いている。

殿様「これは爆弾《ばくだん》か？」

家来「さようではございません。見た目《みため》こそ悪《わる》うございますが、食《しょく》せば美《び》味《み》なる魚《さかな》でございます」

殿様は恐る恐る口の中へ。ひと口食べてみると、うまいのなんの。野外《やがい》で、すきっ腹、焼きたてのさんま。これを生まれて初めて食べたものだから、そのおいしさといったらない。

殿様「おーこりゃ美味《びみ》じゃ。かかる美味《びみ》なる魚《さかな》があると、何故《なぜ》余《よ》に知《し》らせなかった」

家来「殿《との》、目黒《めぐろ》にて、百姓《ひゃくしょう》よりさんまをお求《もと》めになったなどとはご内密《ないみつ》に」

殿様が庶民のさんまを食べたなどと知れたら、その場にいた家来《けらい》は切腹もの。

殿様は約束を守るものの、寝てもさめてもさんまが食べたい。夢にも出てくる。

そんなある日、親戚の大名《だいみょう》の屋敷に招待された。昼になると無礼講《ぶれいこう》になり、「何なりとご注文の品を」ときた。

豆知識

その2 扇子《せんす》を使った所作

落語家の小道具といえば、まず扇子。扇子はいろいろなものに見立てられます。箸もその一つ。実際の箸と同じように持って口に運びます。擬音《ぎおん》を加えれば本格的。

目黒のさんま 4

殿様「余《よ》はさんまを」

そのころ、身分の高い集まりに、さんまなどは用意されていない。

大名《だいみょう》の家来《けらい》は急いで、日本橋の魚河岸《うおがし》で新鮮なさんまを取り寄せた。しかし、焼いただけのさんまを殿様に出す訳にいかない。蒸《む》し器《き》に入れ、脂を抜いて、小骨を抜いて、椀に入れ、ジュウジュウ焼けたさんまが出てくると思っていた殿様。それを見て、

殿様「なんじゃこれは。さんまはな、縁《ふち》の欠《か》けた皿《さら》にのっているもの。か

ような椀《わん》に入《はい》ってはおらぬぞ。しかし一応《いちおう》、中身《なかみ》を改《あらた》める」

と言ってひと口。ところがまずい。

殿様「いずこで求《もと》めた？」

大名の家来「日本橋《にほんばし》の魚河岸《うおがし》で、とれたてのさんまを仕入《しい》れましてございまする」

殿様「あーそれはいかん。さんまは目黒《めぐろ》に限《かぎ》る」

完

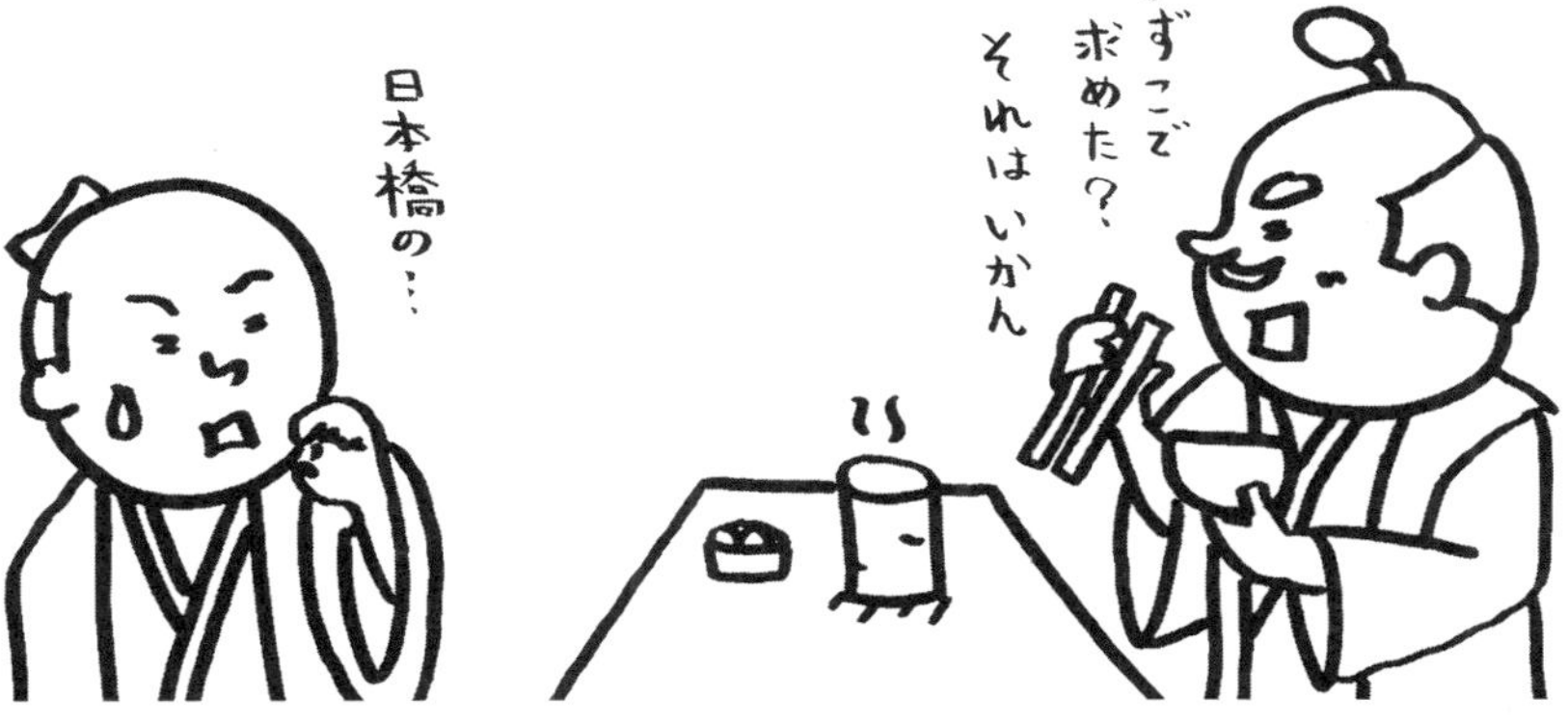

小ばなし①

足が速い男

町で一番足の速い男が急いで走ってきた。

走ってきた男「おーい！　たいへんだ！　たいへんだ！」

そこにいた男「どうしたんだい？」

走ってきた男「泥棒《どろぼう》を追《お》っかけてるんだ！」

そこにいた男「そうか！　お前《まえ》に追《お》っかけられる泥棒《どろぼう》は不運《ふうん》だな。お前《まえ》は足《あし》が速《はや》いからな。で、どっちに逃《に》げたんだ？」

走ってきた男「そろそろうしろから来《く》るはずだ」

足が早過ぎて、泥棒を途中で追い抜いてしまったとな。

紙《かみ》入《い》れ

小間物問屋《こまものどんや》の新吉《しんきち》は、出入り先のおかみさんから、「今夜は亭主《ていしゅ》が帰らないから、遊びにこないか」と手紙をもらう。旦那《だんな》に知れたらとびくびくしながらも、誘惑には勝てずに出かけたが、なんと突然、旦那が帰ってきてしまった。焦《あせ》った新吉は、大急ぎで裏口から逃げ帰るが、間抜けにも、おかみさんからの手紙の入った紙入れを忘れてきてしまう。翌朝、旦那にバレていないかと、恐る恐る確認をしに行った新吉は……。

紙入れ 1

小間物問屋《こまものどんや》の新吉《しんきち》は、真面目《まじめ》に働くいい男。出入り先のおかみさんからある日手紙が届く。読んでみると、今夜は亭主《ていしゅ》が帰らないから遊びにこないかと。旦那《だんな》に知られたらとも思うが、好奇心が勝っていいそいそと出かけていった。

おかみ「あら新《しん》さん、どうしたんだい？落《お》ち着《つ》かないじゃないか。ねぇ、せっかく支度《したく》をしてるんだから、一杯《いっぱい》やろうじゃないか」

新吉「おかみさん、やっぱりわしゃ帰《かえ》り

登場人物

■新《しん》　吉《きち》：若くて男前の小間物問屋《こまものどんや》

■おかみ：色男に目がない

■旦《だん》　那《な》：おかみの悪事に気づかない馬鹿亭主《ていしゅ》

紙入れ　外出時に必要なものを入れて携帯する入れ物。財布。

ますよ。バレたら洒落《しゃれ》になんねぇよ」

旦那《だんな》を恐れる新吉《しんきち》に、

おかみ「じゃあ、何《なん》であんたはノコノコやって来《き》たんだい？旦那《だんな》になんて言《い》おうかしら？私《わたし》が『いやだいやだ』って言《い》ったのに新《しん》さんが無理矢理《むりやり》……」

新吉「おかみさん、勘弁《かんべん》してくださいよ」

結局新吉《しんきち》は、おかみさんに言いくるめられ、泊まる

一杯やろうじゃないか
バレたら洒落になんねぇよ

紙入れ 2

ことに。そしてそのまま二人はいい雰囲気になった。
ところが突然、表の扉がドンドンドンドンと……。

旦那「おーい、帰《かえ》ったぞ。開《あ》けねぇか」

焦《あせ》る新吉《しんきち》。

新吉「ほら、言《い》わんこっちゃない！
どうしよう？　どうしよう？」

そこは百戦錬磨《ひゃくせんれんま》のおかみさん、扉に向かって、

おかみ「はーい。ちょっと待《ま》っておくれ」

POINT

- 台詞《せりふ》が長いので、句点で一息入れながら、あわてずゆっくり読みましょう。
- 新吉《しんきち》とおかみさんと旦那《だんな》の掛け合いを楽しみながら読みましょう。

その間に、新吉《しんきち》の草履《ぞうり》や羽織《はおり》を持ってきて裏口から新吉を逃がした。

新吉「はー危《あぶ》なかった！　だから言《い》わんこっちゃない。えーと、草履《ぞうり》は履《は》いてる、羽織《はおり》は着《き》てる、煙草入《たばこい》れは持《も》ってる。あと、紙入《かみい》れ……、あれ？　紙入《かみい》れがねぇぞ」

忘れた紙入れは旦那《だんな》からもらったもの、それを旦那がいつも座る所に置き忘れた。中にはおかみさんからもらった手紙もある。

捨てておけばと後悔するし、生きた心地がしない。もう、旦那に見つかっているかもしれないと夜逃げ

紙入れ 3

をしようか考える。でも、もしバレていなかったら、
と翌朝確認しにいくことに。

あくる朝、早くに旦那《だんな》の家に行ってみる。

旦那「おう、新吉《しんきち》じゃねぇか。入《はい》んな」

と、いつも通り部屋に招き入れられる。

旦那「どうした新吉《しんきち》？
真《ま》っ青《さお》な顔《かお》して、ガタガタ震《ふる》えて、
何《なに》か心配事《しんぱいごと》でもあるのか？」

豆知識

その3 手拭《てぬぐい》を使った所作

封書の封を開け、手紙を広げて読むさまを、落語では手拭で表します。少しだけ開いて封筒を表し、端をちぎって封を開け、開いて手紙本文の紙に。

新吉《しんきち》は恐る恐る、夕べ間男《まおとこ》に行ったら、そこの旦那《だんな》が帰ってきてしまったと言ってみる。

旦那「そりゃ気《き》のきかねぇ旦那《だんな》だな。で、どうしたんだい？」

新吉「裏口《うらぐち》から逃《に》げたんです」

旦那「旦那《だんな》に見《み》られたのかい？」

新吉「見《み》られました？」

旦那「ん？　何言《なにい》ってやがんだい！」

どうやら見られた様子はない。

旦那「えー、紙入《かみい》れを忘《わす》れた？　俺《おれ》が

紙入れ 4

やった紙入《かみい》れかい？　しかも、
手紙《てがみ》も？　その手紙《てがみ》は読《よ》まれたの
かい？」

新吉「読《よ》まれましたか？」

旦那「俺《おれ》が聞《き》いてるんだよ。読《よ》まれた
様子《ようす》がないなら大丈夫《だいじょうぶ》だろうよ」

すると、奥からおかみさんが現れ、新吉《しんきち》に目線を送りながら、

おかみ「あら新《しん》さん。話《はなし》は聞《き》いてましたよ。

お前《まえ》さんもうぶだねぇ。私《わたし》が思《おも》うに、どこの誰《だれ》か知《し》らないけど、お前《まえ》さんの相手《あいて》をしているおかみさん、亭主《ていしゅ》のいない留守中《るすちゅう》に、若《わか》い男《おとこ》を引《ひ》っ張《ぱ》り込《こ》んで、おいしいことをしようとするおかみさんだろ。そこに抜《ぬ》かりはないんじゃない？　お前《まえ》さんを裏口《うらぐち》から逃《に》がしてすぐに、旦那《だんな》をあげたと思《おも》うかい？　お前《まえ》さんを返《かえ》した後《あと》に、忘《わす》れもんがないか座敷《ざしき》をひと

紙入れ 5

回《まわ》りして、もしあんたの紙入《かみい》れがあったなら旦那《だんな》にバレないように懐《ふところ》に入《い》れてあると思《おも》うよ。ねぇ、お前《まえ》さん？」

旦那「あぁ、そうだとよ。それにてめぇの女房《にょうぼう》を取《と》られちまう間抜《まぬ》けな亭《てい》主《しゅ》だろ。その辺《へん》に紙入《かみい》れが落《お》っこちてても気《き》がつかねぇだろ」

完

間抜けな亭主だな
心配するな気づかれてないだろ
ウフフ…
鈍感な人で助かった

饅《まん》頭《じゅう》こわい

男たちの集まりで嫌《きら》いなものを言っていくことになった。そんな中、辰《たつ》は饅頭が怖いと言い、その話をしただけで気分が悪くなったと言い、寝込んでしまった。辰に嫌《いや》な思いをさせられたことのある男たちは、仕返しをしようと企《たくら》んで、辰が嫌いだという饅頭を買い集め、枕元にそっと置く。さて、大嫌いな⁉　饅頭を目にした辰は……。

饅頭こわい 1

どうしてそれが怖いのか、どうしてこれが嫌《きら》いなのか、わからないけど虫が好《す》かないってものがあるもんです。

男一「おう、集《あつ》まってくれたか。実《じつ》は親《おや》方《かた》から、いなり寿《ず》司《し》、のり巻《ま》き、いっぱいもらっちゃったんだよ」

男二「なんで？」

男一「おれ、今日《きょう》、誕生日《たんじょうび》なんだよ」

男二「なぁに？　誕生日《たんじょうび》って？」

登場人物

■男一

■男二

■哲《てつ》

■辰《たつ》：怖いもの知らずで、悪知恵が働く

男一「おれが生《う》まれた日《ひ》だよ」

男二「おめぇが？　いつ？」

男一「今日《きょう》だよ」

男二「昨日《きのう》会《あ》ったよ」

男一「おめぇ馬鹿《ばか》か？　今日《きょう》の今日《きょう》生《う》まれた訳《わけ》じゃねーよ。まぁそういう訳《わけ》で食《く》いきれねぇから、みんなと馬鹿《ばか》っ話《ぱなし》でもしながら、食《た》べるのを手伝《てつだ》ってもらおうと思《おも》ってさ」

いつもこういうときに真っ先にいる哲《てつ》がいない。しばらくすると、哲が奇声《きせい》を上げながらやってきた。近道をしようとしたら、大きな蛇《へび》に会ってしまい、

饅頭こわい 2

遅くなったらしい。

哲「蛇《へび》が嫌《きら》いなんだ。怖《こわ》いよ。恐《おそ》ろしいよ」

男一「ってことは、哲《てっ》ちゃんの胞衣《えな》の上《うえ》を、蛇《へび》が最初《さいしょ》に通《とお》ったんだな」

昔は、生まれた子の胞衣《えな》、臍《へそ》の緒を土の中に埋めたが、その上をいちばん最初に通ったものをその子が怖がるようになる、という言い伝えがあった。

四人は昔からの知り合いだけど、互いの怖いものを話したことが無かったから、それぞれ言ってみるこ

POINT

● 掛け合いのテンポのよい落語です。首を右に左に動かしながら、しゃべり手が交替したことを表現しながら読んでみましょう。

とに。蛙《かえる》や蜘蛛《くも》、馬や蛇《へび》などと、みんなそれぞれに言う中で、辰《たつ》は、その輪《わ》の中に入らず、一人背中を向けて煙草《たばこ》を吸っていた。

辰「どいつもこいつもくだらねぇ。さっきから黙《だま》ってきいてりゃなんだ。いい若《わけ》ぇもんが、あれが怖《こ》ぇだの、嫌《きれ》ぇだの、情《なさ》けねぇ」

男一「なんかあんだろ、辰《たつ》にも。嫌《きら》いなもの、怖《こわ》いもの」

辰「俺《おれ》にはないね。誰《だれ》だ、蛇《へび》が怖《こわ》いって。冗談《じょうだん》言《い》っちゃいけねぇぜ。

あんなに重宝《ちょうほう》するもんねぇよ。風邪《かぜ》を引《ひ》いたときに鉢巻《はちま》きをするだろ、それを蛇《へび》でしてご覧《らん》よ。しめなくたってしめてくれんだぜ。馬《うま》が嫌《きら》い？　あんなに役《やく》に立《た》ってくれる奴《やつ》はいねぇ」

などと言う。

男一「ホントに何《なに》も怖《こわ》いものがねぇのかよ」

そう聞かれて、辰《たつ》は、ひと息のんで、思い出したよ

豆知識

その4 落語ならではの言葉

寄席《よせ》…落語を中心に漫才、浪曲、講談、諸芸（手品・紙切りなど）と言われる演芸が行われている劇場。寄席文字という独特な文字がある。

高座《こうざ》…寄席の舞台のこと。

うに言った。

辰「実《じつ》は一《ひと》つだけある」

男一「おい、なんだよ」

辰「饅頭《まんじゅう》……。嫌《きら》いって訳《わけ》じゃなく、子《こ》どものころから怖《こわ》くって怖《こわ》くって」

そう話したあと、辰《たつ》は気分が悪くなったと、隣の部屋で寝込んでしまった。

「饅頭」と口にしただけで寝込んだのだから、本物を見せたらどうなるものか。普段から癇《かん》にさわるところがある辰を、こらしめてやろうと盛り上がる。

哲「もし本物《ほんもの》の饅頭《まんじゅう》を見《み》て死《し》んじまっ

饅頭こわい 4

たら、本当《ほんとう》の暗殺《あんさつ》（餡殺《あんさつ》）になっちまうな」

男二「お前《まえ》、うまいこと言《い》うね」

などと言いながら、みんなで饅頭をいっぱい買ってきて、辰《たつ》の枕元にそーっと積み上げ、ふすまをそっと閉めた。そして、

男一「おい辰《たつ》、気分《きぶん》はどうだ？」

とわざと聞いてみる。すると辰《たつ》、「ギャー」とか「ワー」とか喚《わめ》きながら、

辰「あー怖《こえ》え怖《こえ》え。葛饅頭《くずまんじゅう》怖《こえ》えー、蕎《そ》麦《ば》饅頭《まんじゅう》も怖《こえ》えー、目《め》の前《まえ》から消《け》すしかない」

と言い、むしゃむしゃ饅頭をほおばっている。

男たちは、何やら様子が変だと思い、ふすまを開けると、辰《たつ》は次から次へとうれしそうに饅頭をほおばっている。

男一「この野郎《やろう》、本当《ほんとう》は饅頭《まんじゅう》好物《こうぶつ》なんだな！　本当《ほんとう》は一体《いったい》何《なに》が怖《こ》ぇんだよ」

辰「ここらで一杯《いっぱい》のお茶《ちゃ》が怖《こわ》い」

完

小ばなし②

「手遅れ」と言う医者

昔のお医者さんはかなり適当だったそうで。患者に「手遅れだ！」と言えば、治ればよし、治らなくても諦めてもらえると企《たくら》んだ医者がいたそうな。

患者「先生《せんせい》、熱《ねっ》が出《で》て、咳《せき》が止《と》まらないんです」

医者「申《もう》し訳《わけ》ないが手遅《ておく》れですね」

患者「昨日《きのう》は元気《げんき》で、熱《ねっ》も咳《せき》も、今日《きょう》出始《ではじ》めて、それですぐに来《き》たんですが……」

医者「手遅《ておく》れです。それなら昨日《きのう》来《こ》ないと」

これぞヤブ医者、という話⁉

持《じ》参《さん》金《きん》

八五郎《はちごろう》が寝床にいると、番頭が来て二年前に貸した二十両を今すぐ返してくれと言う。返すあてはなく、そのまま寝床にいると、今度は甚平《じんべえ》がやってきて、縁談の話を始めた。不細工《ぶさいく》で、お腹に子どもがいるが、持参金二十両がついてくると言う。二十両と聞いて縁談を即決した八五郎。翌朝、女は来るが、持参金はついてこない。それもそのはず、その二十両の出所は……。

持参金 1

番頭「おはよう。はっつぁんいるか？おい、まだ寝《ね》てるのかい？」

八五郎「あーこれは番頭《ばんとう》さん。おはようございます」

太陽はとっくに高い。こんな時間まで寝ている八五《はちご》郎《ろう》を見て、番頭は具合が悪いのかと聞く。すると、懐具合《ふところぐあい》が悪いから寝ているのだと八五郎。しかし、番頭は返事を無視して、本題を切り出す。

番頭「お前《まえ》さんに、二十両《にじゅうりょう》を貸《か》したことがあったねぇ」

登場人物

■八五郎《はちごろう》：仕事もせず寝てばかり

■番頭：女ぐせが悪い

■甚平《じんべえ》：面倒見のいい道具屋

八五郎「へぇー、ありましたねぇ、もう二《に》年《ねん》になりますか」

番頭「あのときは、『あるとき払《ばら》いの催《さい》促無《そくな》し』って言《い》ってたけど、どうしても急《きゅう》な入《い》り用《よう》があって、耳《みみ》をそろえて今《いま》すぐ返《かえ》してほしいんだ」

一日も待てないと言う。夕方、また来るから、どっかで工面《くめん》してくれと言い残し行ってしまった。八五郎《はちごろう》はどうすることもできないと、また布団の中に戻る。するとそこに、

甚平「はっつぁん、まだ寝《ね》てんのか？」

持参金 2

八五郎「今日《きょう》はよく人《ひと》が来《く》るもんだ。あら、道具屋《どうぐや》の甚平《じんべえ》さん」

甚平《じんべえ》が話を切り出す。

甚平「お前《まえ》さん、嫁《よめ》を持《も》たないかい」

八五郎《はちごろう》は、仕事もないのに嫁なんかもらえる訳《わけ》が無いと言う。しかし甚平《じんべえ》は、「一人口《ひとりぐち》は食えねえが二人《ふたり》口《ぐち》は食える」と縁談の話を続けてくる。甚平が、隠さず言ったことは、

甚平「仲人口《なこうどぐち》は言《い》わない、隠《かく》さず言《い》おう。

POINT

- まずはじっくり読んで、話の意味をつかみましょう。
- 昔の、差別的な表現が残っている話です。文化的背景を認識したうえで読んでください。

年《とし》は二十六《にじゅうろく》、背《せ》は低《ひく》いし、太《ふと》っているる。色《いろ》は黒《くろ》い。頭《あたま》の毛《け》は縮《ちぢ》れ、日本髪《にほんがみ》など結《ゆ》えない。おでこは見《み》事《ごと》に出《で》、目《め》は奥《おく》に引《ひ》っ込《こ》み、鼻《はな》も見事《みごと》に低《ひく》い。口《くち》は鰐口《わにぐち》っていうくらい大《おお》きい。歯《は》はあったり無《な》かったり。ご飯《はん》はよく食《た》べ、五人前《ごにんまえ》はペロッとたいらげる。仕事《しごと》をやらせれば半人前《はんにんまえ》。まともなことは喋《しゃべ》らないが余計《よけい》なことはベラベラベラベラ喋《しゃべ》る。手足《てあし》は脂性《あぶらしょう》で、そばに寄《よ》ると嫌《いや》な匂《にお》いがする」

持参金 3

甚平「まぁでもねぇ、こんな女《おんな》なんだけど、一《ひと》つだけ傷《きず》があってね」

八五郎「え？　今《いま》までのは傷《きず》じゃないの」

甚平「実《じつ》は腹《はら》に、八《はち》か月《げつ》の子《こ》どもがいるんだ。そういう女《おんな》なんだけどもらうかい」

そんな女もらう訳《わけ》がないと断る八五郎《はちごろう》。

甚平「こんな女《おんな》じゃあさ、そのまま引《ひ》き受《う》けてくれるとも思《おも》えないから、

豆知識

その5　江戸落語と上方落語

江戸の落語と上方の落語では、風習、文化の影響を受け、同じ話でも演出が違ったり、似た内容で違う話などもあります。また、上方落語でしか用いない見台《けんだい》・小拍子《こびょうし》・膝隠《ひざかく》しといった道具もあります。

持参金《じさんきん》というか、二十両《にじゅうりょう》ばかりの金《かね》をつけてよこしゃ、誰《だれ》か引《ひ》き受《う》けてくれるという了見《りょうけん》だ」

二十両に飛びつき、すぐに嫁にもらうと八五郎《はちごろう》。話はまとまり翌朝、仮祝言《かりしゅうげん》をすることに。甚平《じんべえ》が帰ってすぐ、番頭がやってきた。工面できたと報告すると番頭が肩を撫《な》で下ろす。

夜が明けると、甚平が、昨日話した女を連れてくる。聞いていた通りの風貌《ふうぼう》の女。

甚平「じゃあ、あとは二人《ふたり》で」

と言って、立ち去ろうとする甚平《じんべえ》。

持参金 4

八五郎「ちょちょちょちょっと。二十両《にじゅうりょう》は」

甚平「二十両《にじゅうりょう》は、夕方《ゆうがた》には持《も》ってくるから」

と言い、行ってしまう。そこへ番頭が現れ、

番頭「はっつぁん、二十両《にじゅうりょう》、できたかい」

八五郎「どーも番頭《ばんとう》さん、面目《めんぼく》ねぇ」

八五郎《はちごろう》が、夕方まで待ってくれと頼むと、番頭が事情を話し出す。

番頭「弱《よわ》ったなぁ。恥《はじ》になるけど、お前《まえ》

「さんだから話《はな》しちゃうけどねぇ」

実は、酒を飲み過ぎ、とんでもないご面相《めんそう》の女中とねんごろになってしまった。二度三度くり返していたら子どもができた。甚平《じんべえ》に相談したら、二十両をつければ、どこぞの馬鹿が戸惑《とまど》ってもらってくれるにちがいないと、その金なんだと。

八五郎《はちごろう》は番頭に台所を見させる。驚く番頭。

八五郎「甚平《じんべえ》さんが連《つ》れてきてね。二十《にじゅう》両《りょう》につられてもらっちまったんだ」

本当にそれでいいのかと番頭が諭《さと》すと、親父がわかっただけでもいいと言う。生まれた子が何か不始末をしたら、番頭さんの所に行きますと。

持参金 5

番頭「冗談《じょうだん》じゃない。しかしまぁ、そういう訳《わけ》だから二十両《にじゅうりょう》」

八五郎「だから、私《わたし》は甚平《じんべえ》さんが二十両《にじゅうりょう》持《も》ってくるのを待《ま》ってるから」

番頭「だって甚平《じんべえ》さんは俺《おれ》が持《も》ってくるのを待《ま》ってるんだよ。なんだ。二十両《にじゅうりょう》がぐるぐる回《まわ》ってるだけじゃないか」

昔の人は上手《うま》いこと言った。「金は天下のまわりもの」。

完

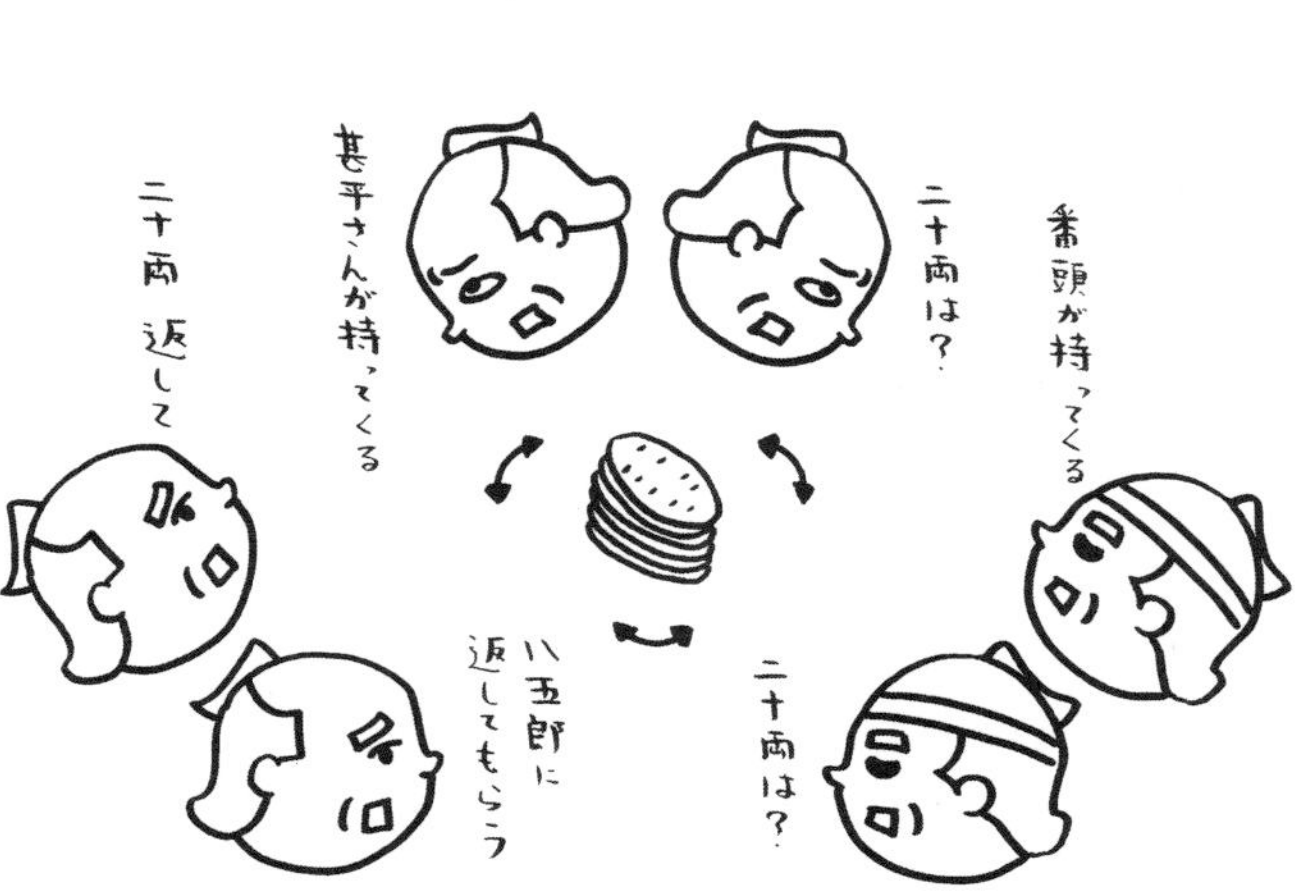

厩火事《うまやかじ》

髪結《かみゆ》いのお崎《さき》の亭主《ていしゅ》は、仕事はしないし口うるさい。困ったお崎が仲人《なこうど》に相談すると、亭主の本心を試す名案を思いつく。愛馬より弟子を気遣った中国の孔子《こうし》と、嫁より高価な皿を気遣った麹町《こうじまち》の殿様。どちらもいざとなると、本心が現れるという逸話《いつわ》。さて、お崎も亭主の本心を探るべく、亭主の大事にしている皿を割ることに。亭主が心配するのはお崎か皿か。そして、その真意は……。

厩火事 1

髪結《かみゆ》いというのは日本髪を結う仕事で、稼《かせ》ぎがいい。この髪結いをしているお崎《さき》という女の亭主《ていしゅ》は、仕事はしないで昼間から酒を飲み、お崎に帰りが遅いなどと口うるさい。耐えかねたお崎は、仲人《なこうど》をしてくれた兄さんのところへ相談にいった。

お崎「兄《にい》さん、うちの亭主《ていしゅ》ときたら……」

と文句を並べ、あげく別れたいと言い出した。すると、兄さん、

兄「お前《まえ》さんの亭主《ていしゅ》は、女房《にょうぼう》の稼《かせ》ぎによっかかって、世《よ》の中《なか》ついでに生《い》

登場人物

■お崎《さき》：髪結《かみゆ》いをしている
　　しっかりもの
■兄さん（仲人）
■お崎の亭主《ていしゅ》：仕事もせず昼から
　　酒を飲むだめ亭主

（孔子《こうし》・孔子の家来・さる殿様・殿様の奥方・奥方の親元）

きていこうとするくだらねぇ野郎《やろう》だ。こないだ、お前《まえ》さんの家《いえ》をちょっとのぞいたら、大《おお》あぐらかいて、つまみをつっつきながら酒《さけ》を飲《の》んでんだ。女房《にょうぼう》が稼《かせ》いでいる昼《ひる》日中《ひなか》、面目《めんぼく》ねぇと思《おも》わなきゃならねぇというのにだ。もうこんな奴《やつ》とは別《わか》れなさい」

するとお崎《さき》、

お崎「なんてこと言《い》うの？　兄《にい》さんにそこまで言《い》われたくない。

なんてことを言うの
自分から
言い出し
たんじゃ

厩火事 2

「あの人《ひと》が可哀想《かわいそう》」

とかばう始末。それじゃあ何しに来たのかとお崎《さき》に問うと、

お崎「うちの人《ひと》が、私《わたし》のことを好《す》きなんだか嫌《きら》いなんだか、さっぱりわからない。私《わたし》はうちの人《ひと》の本心《ほんしん》が知《し》りたいの」

と言う。人の心の奥底まではわからないものだが、兄さんが名案を思いつく。

POINT

● 台詞《せりふ》の多い噺《はなし》です。一度に全部を進めず、少しずつ読み進めていくとよいでしょう。

● 音読の際は、その役の気持ちになって声を出してみましょう。

兄「昔中国《むかしちゅうごく》に、孔子様《こうしさま》って偉《えら》い学者《がくしゃ》の人《ひと》がいて、大変白馬《たいへんはくば》をご寵愛《ちょうあい》されていた。家来《けらい》たちにも、この白馬《はくば》は余《よ》の命《いのち》より大事《だいじ》なものであるぞ、と言《い》い聞《き》かせていた。

そんなある日《ひ》、孔子様《こうしさま》の留守中《るすちゅう》に火事《かじ》が出《で》た。家来《けらい》たちは手《て》を尽《つ》くすも馬《うま》は焼《や》け死《し》んでしまった。

そこへ孔子様《こうしさま》が帰《かえ》ってきた」

孔子と家来の会話の場面（兄の一人芝居）

孔子「留守《るす》に火事《かじ》があったそうだな」

家来「はい、大事《だいじ》な馬《うま》を死《し》なせてしまいました」

孔子「そんなことはどうでもいい。それより、お前《まえ》たち、けがは無《な》かったか、誰《だれ》も火傷《やけど》をしなかったか。…そうか、はぁ、よかった。それは何《なに》よりだ」

兄「と、これだけだ。日《ひ》ごろは、馬《うま》、馬《うま》とばかり言《い》って

豆知識

その6 落語の演出①

落語で会話を表現するとき、顔を左右にふって2人を演じわけます。また、目上の人に向かって話すときは左ななめ上を、目下の人に向かって話すときは右下を見下ろします。

いたが、いざとなれば自分《じぶん》たちの体《からだ》のことを心配《しんぱい》する。こんなご主《しゅ》人様《じんさま》なら命《いのち》をかけて尽《つ》くす気持《きも》ちになるだろ。

どうだいお崎《さき》さん」

お崎《さき》がうなずくと、

兄「逆《ぎゃく》も言《い》おう、これは麹町《こうじまち》のさる殿様《とのさま》の話《はなし》だ。

この方《かた》は、一枚何百両《いちまいなんびゃくりょう》とする瀬戸《せと》物《もの》の皿《さら》を大事《だいじ》にしていた。女中《じょちゅう》はさわることすらできず、いつも奥《おく》

厩火事 4

方《がた》が運《はこ》んでいた。
ある日《ひ》、奥方《おくがた》がその皿《さら》を片《かた》づけようとはしごをのぼっていたとき、足《あし》を滑《すべ》らせ、はしごから転《ころ》げ落《お》ちた。殿様《とのさま》は真《ま》っ青《さお》になった」

殿様と奥方の会話の場合（兄の一人芝居）

殿様「おい、皿《さら》はどうした？
皿《さら》は割《わ》れなかったか？
皿《さら》は、皿《さら》は、皿《さら》は、……」

と、36回も皿のことを聞いた。すると奥方は、

奥方「ひび一《ひと》つございません」

すると殿様は、

殿様「そうか、それはよかった」

兄「……とこれだけだ。

その後、奥方はスーっといなくなった。

奥方《おくがた》の親元《おやもと》から、娘《むすめ》がはしごから落《お》ちたというのに、旦那《だんな》は皿《さら》のことばかり尋《たず》ね、娘《むすめ》の体《からだ》のことは一《いっ》

厩火事 5

切《さい》尋《たず》ねない。そんな不実《ふじつ》なところへ娘《むすめ》はやっておけないと、別《わか》れることになった。それが噂《うわさ》になり、その後《ご》、だれも殿様《とのさま》のところに嫁《よめ》に来《き》てくれなかったそうな。わかるかい、お崎《さき》さん」

お崎
「いやな奴《やつ》ね。奥《おく》さんのけがを心配《しんぱい》するのがあたり前《まえ》じゃない。そういやうちの亭主《ていしゅ》も、大事《だいじ》にしている皿《さら》がありますよ」

兄「お崎《さき》さん、その皿《さら》を亭主《ていしゅ》の前《まえ》で割《わ》ってご覧《らん》よ。亭主《ていしゅ》がお前《まえ》さんの体《からだ》を心配《しんぱい》するか、皿《さら》のことを言《い》うか」

お崎「でも、そんなことしたら……」

兄「そういうときこそ、本心《ほんしん》が出《で》るもんだ」

お崎《さき》は家に帰って、亭主《ていしゅ》の目の前で皿をバーンと割った。すると亭主は、

亭主「おい、けがは無《な》かったか。おい、大丈夫《だいじょうぶ》か」

厩火事 6

お崎は目頭《めがしら》を押さえ、

お崎「あんた、そんなにあたしの体《からだ》が心《しん》配《ぱい》かい？」

亭主「ああ当《あ》たり前《まえ》だよ。おめぇにけがされてみろよ。遊《あそ》んでて酒《さけ》が飲《の》めねぇ」

完

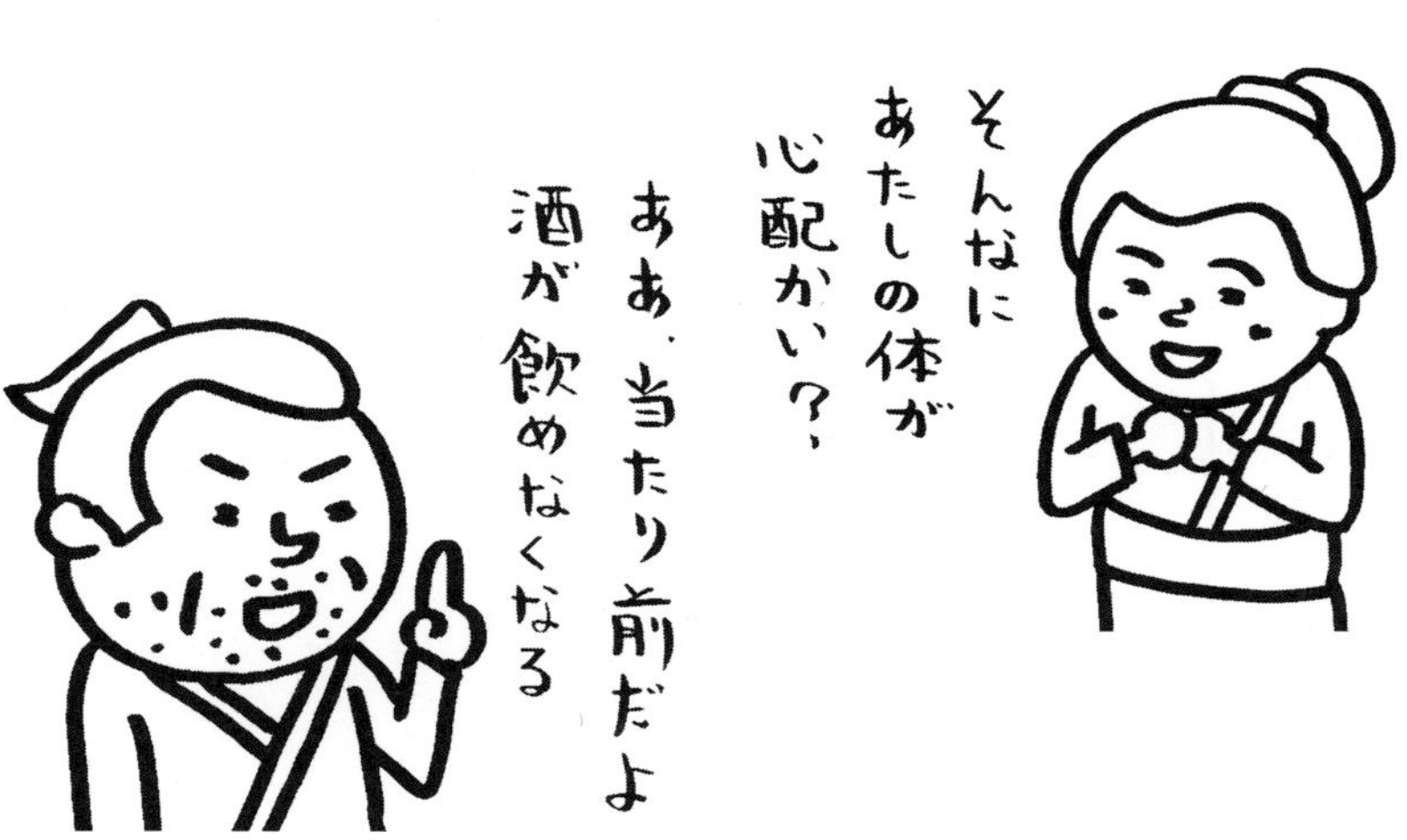

芝浜《しばはま》

大酒飲みで全然仕事をしない魚屋の勝五郎《かつごろう》。女房にうるさく言われて商《あきな》いに出たが、時を間違え、朝まだ早く、店はどこも空いていない。仕方なく芝の浜で一服していると大金の入った財布《さいふ》が流れてきた。家に持ち帰り女房に見せ、また酒を飲む。そして翌朝、起きると、女房は財布の話など知らないと言う。夢だったのかと心を入れ替え、一生懸命仕事を始めた。三年経った、ある大晦日《おおみそか》、女房が勝五郎に差し出したのは……。

芝浜 1

大酒飲みで全然仕事をしない魚屋の勝五郎《かつごろう》。

女房「ねぇあんた、いつ仕事《しごと》に行《い》くんだい？」

勝五郎「うるせーなー。行《い》きたくなったら行《い》くよ」

女房にしつこく迫られ、仕方が無いので明日行くと言うが、代わりに酒を持ってこいと言い出す始末。その酒をかっくらってそのまま寝てしまう。翌朝、

女房「ちょっと。起《お》きてよ。

登場人物

■勝五郎《かつごろう》…大酒飲みで仕事もしない魚屋

■女房…勝五郎の女房

商《あきな》いにいっておくれよ」

と起こされる。道具がそろってないと言うと、

女房「昨日《きのう》今日《きょう》魚屋《さかなや》の女房《にょうぼう》になった訳《わけ》じゃないよ。盤台《ばんだい》は担《かつ》げるようになってるよ。包丁《ほうちょう》は光《ひか》ってる。草鞋《わらじ》は新《あたら》しいのを……」

と、仕事に使う道具をキッチリ用意している。仕方がないから家を出た。魚河岸《うおがし》に着いたが店は一軒も開いていない。夜も明けない。時を知らせる鐘《かね》が鳴る。

勝五郎「あの野郎《やろう》、時《とき》を間違《まちが》えやがった」

芝浜 2

どうやら女房が起こす時間を間違え、早く起こされてしまった。腹が立つが仕方が無い。顔を洗おうと浜におり、打ち寄せる波を見て一服していると、何かが流れてきた。スッと拾い上げると重たい財布《さいふ》。中身を見て急いで家に帰った。女房は早く帰ってきた夫を怪しむばかり。勝五郎《かつごろう》はすかさず財布を出し、

勝五郎「おい見《み》てみろ。浜《はま》にいたら向《む》こうから流《なが》れてきた。拾《ひろ》ってみたら財《さい》布《ふ》だよ。開《あ》けてみろよ」

女房が財布《さいふ》を開ける。

女房「ちょいとあんた、すごいよ。ほんとうにお前《まえ》さんが拾《ひろ》ったのかい」

勝五郎「ほんとうだよ。いくらある。数《かぞ》えてみろよ」

財布《さいふ》の中を数えて見ると八十二両。

女房「届《とど》けなくていいのかい」

勝五郎「そんなことを言《い》ったって、海《うみ》で流《なが》れてきたんだぜ。天《てん》から授《さず》かったんだろ」

女房「そうかねぇ」

POINT

- 女房と勝五郎、２人だけの台詞《せりふ》で展開します。一人で掛け合いを演じ分けてみましょう。
- 落語ふうに、首を左右に振りながら台詞を言ってみましょう。

芝浜 3

気分をよくした勝五郎《かつごろう》、仲間を呼んで飲もうとするがまだ夜明け。酒屋も開いていない。仕方が無いからとりあえず、昨日の残りの酒を飲み、そのまま寝てしまった。

女房「ちょっと。起《お》きてよ。商《あきな》いに行《い》っておくれよ」

とたたき起こされる。

勝五郎「なんだよ」

女房「なんだよ、じゃないわよ。商《あきな》いに

豆知識

その7 落語の演出②

落語では、声の大きさを変えたり、目線の角度を変えることで、近くにいる人と話しているのか、遠くの人に向かって話しかけているのかを演じわけます。

行《い》っておくれよ。このままじゃあ貧乏《びんぼう》でやっていけないよ」

勝五郎「昨日《きのう》の八十二両《はちじゅうにりょう》があるだろ」

勝五郎《かつごろう》は昨日、芝の浜で拾った財布《さいふ》の話をするが女房は八十二両なんて知らないと言う。

女房「どうも様子《ようす》がおかしいと思《おも》ったら、金《かね》を拾《ひろ》った夢《ゆめ》を見《み》て騒《さわ》いでたんだね」

勝五郎「夢《ゆめ》だと」

女房「勘弁《かんべん》しておくれよ。同《おな》じ夢《ゆめ》を見《み》るなら、拾《ひろ》った夢《ゆめ》じゃなくて稼《かせ》いだ

芝浜 4

夢《ゆめ》を見《み》ておくれよ」

昨日の朝は、起こしても起きなかったと言う。

女房「昼《ひる》ごろになってむくっと起《お》きて、大勢《おおぜい》出掛《でか》けていったと思《おも》ったら、連《つ》れて帰《かえ》ってきてさ。酒《さけ》は飲《の》むわ、天《てん》ぷら、うなぎは食《く》う。友《とも》だちの前《まえ》で恥《はじ》をかかせちゃいけないと、やりくり算段《さんだん》してそろえたんだよ」

みんなが帰ると、また寝てしまい、今また起こしたところだと。勝五郎《かつごろう》は、うそだと疑い、財布《さいふ》を探すが見当たらない。財布はないが、飲んだり食ったりした形跡はある。

勝五郎「本当《ほんとう》に八十二両《はちじゅうにりょう》はねぇのか。拾《ひろ》ってきたのが夢《ゆめ》で、飲《の》んだり食《く》ったりしたのが本当《ほんとう》なのかよ」

とうとう夢だと認めた勝五郎《かつごろう》。

勝五郎「夢《ゆめ》か。そうか、夢《ゆめ》か……」

騒いだ分の借金が怖くなり、死のうと言い出す。

芝浜 5

女房「死《し》ぬ？　死《し》ぬ気《き》で働《はたら》けば、すぐに返《かえ》せるじゃないか」

勝五郎「そうだな。俺《おれ》は酒《さけ》をやめる！　今《いま》から商《あきな》いに……」

女房「行《い》けるよ。盤台《ばんだい》は担《かつ》げるようになってるよ。包丁《ほうちょう》は光《ひか》ってる。草鞋《わらじ》は新《あたら》しいのを……」

昨日の夢の中にこんなところがあった気もするが、気を入れ替えて商《あきな》いにいった。勝五郎《かつごろう》はその日から、人ががらっと変わったようによく働き、三年目には、

裏長屋住まいから表通りに店を持ち、若いもんも使うようになった。
それから三年目の大晦日《おおみそか》、勝五郎が仕事を終えて帰宅すると、女房の様子がどうもおかしい。

女房「見《み》てもらいたいもんと、聞《き》いてほしい話《はなし》があるんだけど」

と革の財布を出す。

勝五郎「おい、なんだ？　誰《だれ》の財布《さいふ》？」

持ってみるとずしりと重い。数えてみると八十二両。

女房「革《かわ》の財布《さいふ》と八十二両《はちじゅうにりょう》、覚《おぼ》えはない

芝浜 6

かい？」

勝五郎「三年《さんねん》ばかり前《まえ》、お前《まえ》に早《はや》くに起《お》こされて、八十二《はちじゅうに》両《りょう》を拾《ひろ》ってきた夢《ゆめ》を見《み》たことはあるが……」

女房「夢《ゆめ》じゃなかったんだよ。あんとき、本当《ほんとう》に財布《さいふ》を拾《ひろ》ってきたんだよ」

勝五郎「何《なん》だと……」

それから女房が話したことは、あの日勝五郎《かつごろう》が寝たあとで大家さんに相談すると、お金は届けて、財布《さいふ》を拾ったことを夢だったことにしてはと言われた。

その後、勝五郎が一生懸命働くようになり、そのうち落とし主がわからず財布が戻ってきた。それでもなかなか本当のことが言えず、今まで来たと言う。

女房「堪忍《かんにん》してくれる？」

勝五郎「あたり前《まえ》だろ」

女房「ではせめて、お酒《さけ》を飲《の》んでおくれよ。お酌《しゃく》をするから」

三年ぶりのお酒に舞い上がる勝五郎《かつごろう》。盃《さかずき》を口元に運んで手が止まる。

勝五郎「ん、やめておこう。また夢《ゆめ》になるといけねぇ」

完

小ばなし③

籠屋

江戸まで急いでいる男が籠に乗ったそう。

男「急《いそ》いでいるから、とにかく急《いそ》いで走《はし》っておくれ」

籠屋「道《みち》が悪《わる》いから、速《はや》くは走《はし》れません。三枚《さんまい》なら速《はや》いんですが」

男「三枚《さんまい》ってなんだい？」

籠屋「三人《さんにん》で担《かつ》ぐことで」

男「三人《さんにん》なら速《はや》いのか」

籠屋「そりゃもちろん。三人《さんにん》ですから」

男「それなら俺《おれ》が降《お》りて担《かつ》ごう」

籠なぞ乗らず、最初から走ればよいものを……。

ねずみ

旅人が、仙台一小さな宿、ねずみ屋に泊まる。その宿の主人は元々、仙台一大きな宿、虎屋の主人で、後妻と番頭に乗っ取られたのだと言う。この旅人、実は大工の名工、左《ひだり》甚《じん》五郎《ごろう》。ねずみ屋の主人と子どもに同情し、一晩で木のねずみを彫り、それを残して宿を去る。そのねずみが評判《ひょうばん》になり、ねずみ屋は仙台一の宿屋になった。面白くないのは虎屋の主人。仙台一の名工に大きな虎を彫らせて……。

ねずみ 1

仙台の宿場の手前で、一人の旅人に子どもが駆け寄る。

卯之吉「おじさん、旅人《たびびと》だよね。今晩《こんばん》泊《と》まるところは決《き》まっているの？」

旅人「坊《ぼう》やのところは宿屋《やどや》かい？　こんな小《ちい》さな客引《きゃくひ》きは初《はじ》めてだ。ところで坊《ぼう》やの宿屋《やどや》はどこだい？」

卯之吉「仙台一大《せんだいいちおお》きな宿屋《やどや》の虎屋《とらや》の……」

旅人「ほお。客引《きゃくひ》きは小《ちい》さいけど、宿《やど》は仙台一大《せんだいいちおお》きいのかい」

卯之吉「その目《め》の前《まえ》にある、仙台一小《せんだいいちちい》さな

登場人物

■卯兵衛《うへえ》：腰が抜けたねずみ屋の主人。元は虎屋の主人
■卯之吉《うのきち》：卯兵衛の息子
■お紺《こん》：卯兵衛の後妻
■丑蔵《うしぞう》：虎屋の番頭
■生駒屋《いこまや》：卯兵衛の幼なじみで宿屋の亭主
■左甚五郎《ひだりじんごろう》：江戸の名工（大工）

旅人「ねずみ屋《や》ってところです」

卯之吉「仙台一《せんだいいち》小《ち》さいの？」

旅人「はい、その上《うえ》、汚《きたな》いです。女中《じょちゅう》さんがいませんから」

旅人はそれでも、子どもの誘いだからと泊まることに。

すると、

卯之吉「では、二十文《にじゅうもん》ください」

と言う。

旅人「二十文《にじゅうもん》？　前金《まえきん》かい」

ねずみ 2

卯之吉「お客《きゃく》さんが泊《と》まるときは、布団《ふとん》を損料屋《そんりょうや》※に借《か》りにいくんです」

旅人は、子どもに二十文渡す。子どもから、宿に先に行っていてほしいと言われ、旅人は一人、ねずみ屋を目指して歩く。すると大きな虎屋の向かいに、それは小さな古くて汚い宿屋があった。旅人が宿屋に入る。

主人「すいません、あいにく、腰《こし》が抜《ぬ》けていまして、動《うご》けませんので……」

と奥から声がする。旅人は、えらい宿に来てしまっ

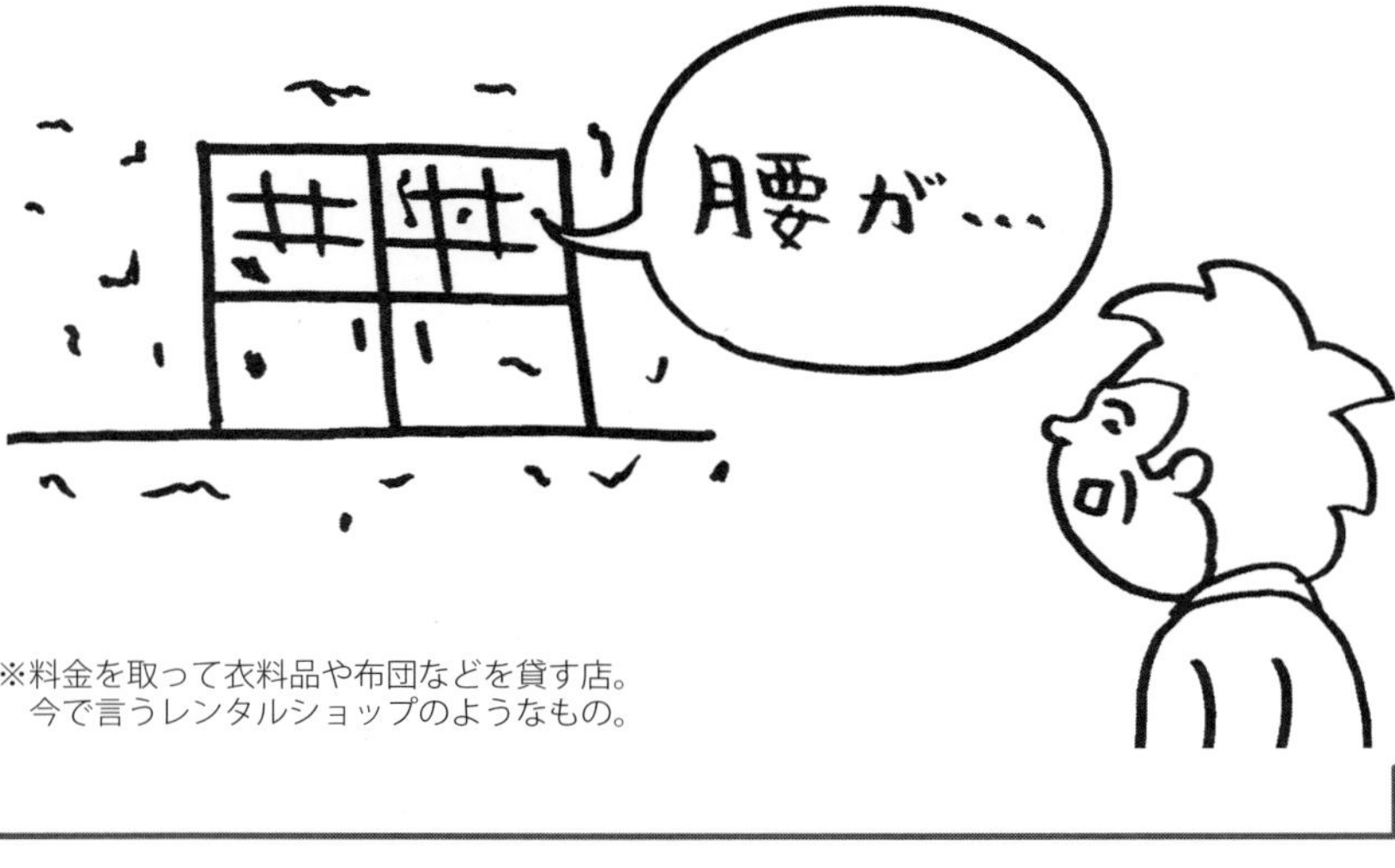

※料金を取って衣料品や布団などを貸す店。
今で言うレンタルショップのようなもの。

たと思ったが、子どもと約束をしたので、そのまま泊まることにした。
主人の名前は卯兵衛《うへえ》、子どもの名前は卯之吉《うのきち》という。
しばらくして、卯之吉が戻り、聞いてきたのは、晩ご飯の話。

卯之吉「布団《ふとん》はもうすぐ届《とど》きます。ところでおじさん、晩《ばん》ご飯《はん》は食《た》べますか」

旅人「うん。食《た》べたいねぇ。食《た》べないと野宿《のじゅく》と変《か》わらなくなるしねぇ」

卯之吉「それでは、お寿司《すし》をとるのはどうでしょう」

旅人「寿司《すし》かい。いいねぇ」

POINT

- 長い噺《はなし》です。音読の際には、少しずつ読み進めましょう。
- レクリエーションなどで行うときは、寸劇ふうに楽しんでもよいでしょう。

ねずみ 3

「それじゃあ、えっと…五人前《ごにんまえ》ほど頂《いただ》きましょうか」

旅人はちょっと考えて言った。

旅人「そんなには食《た》べられないなぁ」

卯之吉「僕《ぼく》とおとっつぁんの分《ぶん》もです」

この宿は客が家族の面倒をみる仕組みなんだと、旅人は納得し、寿司と、それにお酒を買ってくるように頼んだ。

卯之吉《うのきち》が買い物に出て、主人と二人になると、旅人はそれとなく事情を聞いてみる。

旅人「訳《わけ》を話《はな》してくれないかい」

主人「実《じつ》は、私《わたし》、目《め》の前《まえ》にある仙台一大《せんだいいちおお》きな虎屋《とらや》の主人《しゅじん》だったのでございます。五年前《ごねんまえ》に妻《つま》に先立《さきだ》たれ、その後《ご》、虎屋《とらや》の女中頭《じょちゅうがしら》、お紺《こん》を後妻《ごさい》にもらいました。そんな中《なか》、お客《きゃく》さま同士《どうし》の喧嘩《けんか》を止《と》めに入《はい》った際《さい》、突《つ》き飛《と》ばされて二階《にかい》の階段《かいだん》から真《ま》っ逆《さか》さま。腰《こし》を打《う》って、立《た》てない体《からだ》になりました」

それで、虎屋を番頭の丑蔵《うしぞう》とお紺《こん》に任せ、息子の卯《う》之吉《のきち》と自分は、離れで寝起きをするようになったと

豆知識

その8 落語家の階級

前座《ぜんざ》見習い⇒前座⇒二ツ目《ふたつめ》⇒真打《しんう》ち

落語家になるには、落語家に弟子入りし、前座見習いから始まり、師匠に稽古をつけてもらいながら日々落語を勉強していきます。落語は基本的に口演台本のみ。一門や教わった師匠によって同じ演目でも表現の仕方やオチまで違う場合もあります。

ねずみ 4

言う。

そんなある日、竹馬《ちくば》の友、生駒屋《いこまや》の主《あるじ》が訪れて、

生駒屋「おい、卯兵衛《うへえ》。腰《こし》が腑《ふ》抜《ぬ》けになったと聞《き》いていたが、心《こころ》の中《なか》まで腑《ふ》抜《ぬ》けになったのか」

と言う。何が言いたいのか問いただすと、

生駒屋「せがれの体《からだ》に聞《き》いてみな」

と捨て台詞《せりふ》を残して帰っていった。

帰ってきた卯之吉《うのきち》の着物を脱がしてみると体中傷だ

らけ。

卯之吉「この傷《きず》はどうした」

と声を荒げて聞くと、卯之吉《うのきち》は泣きながら、

卯之吉「なんでおっかさんは早《はや》く死《し》んじまったんだ」

と訴える。そこで初めて、お紺《こん》がひどい女だと気づいた。それで離れを出て、当時、蔵《くら》だったここを綺《き》麗《れい》にして、親子二人で住むようになったと言う。最初は、三度の飯を店から運ばせていたが、しだいに届かなくなり、生駒屋《いこまや》に食事の世話も頼むようになった。

ねずみ 5

しばらくして、また生駒屋《いこまや》がやってきて、今度は、

生駒屋「おい、卯兵衛《うへえ》。お前《まえ》いつ、お紺《こん》と丑蔵《うしぞう》に虎屋《とらや》をやったんだ」

と、聞く。何のことかと聞き返すと、

生駒屋「昼間《ひるま》にお紺《こん》と丑蔵《うしぞう》が来《き》て、紙《かみ》を広《ひろ》げ見《み》せるには、『故《ゆえ》あってお紺《こん》と丑《うし》蔵《ぞう》に虎屋《とらや》を譲《ゆず》り渡《わた》すものなり』と書《か》かれてあり、卯兵衛《うへえ》の判《はん》が押《お》してあった」

と答える。
虎屋は見事に乗っ取られ、その後はすっかり生駒屋《いこまや》の世話になるようになった。
卯兵衛《うへえ》はもうどうしようもないと諦めたが、卯之吉《うのきち》は諦めず、

卯之吉「生駒屋《いこまや》さんの世話《せわ》にならず、自分《じぶん》たちで商売《しょうばい》をしてご飯《はん》が食《た》べたい」

と言いだして、蔵《くら》の掃除を始めた。その数日後、

卯之吉「おとっつぁん、お客《きゃく》さんだよ」

と一人の客を連れてきた。そこから少しずつやって

いるのだと。旅人はもう一つ聞いた。

旅人「なぜ、ねずみ屋《や》とおつけになった？」

主人「ここは元々蔵《もともとくら》。ねずみの住処《すみか》に人《にん》間《げん》二人《ふたり》がやってきたので、せめて名前《なまえ》だけ義理立《ぎりだ》てをしました」

と答えたところで主人の卯兵衛《うへえ》、宿帳をつけ忘れたことに気づき、旅人に名前を聞く。すると、

旅人「日本橋《にほんばし》、大工《だいく》、甚五郎《じんごろう》」

と名乗った。

左甚五郎《ひだりじんごろう》といえば大工の名匠《めいしょう》。それに驚く卯兵衛《うへえ》を後に、甚五郎は木片を持ってさっさと二階に上がってしまった。卯之吉《うのきち》が届けた酒を飲みながら何やらコツコツコツコツ彫り続ける。

明け方、一匹のねずみを彫り上げ、卯之吉にたらいを用意させ、立て札を作って甚五郎は旅立った。

ねずみ屋の前にある立て札には
「左甚五郎作、福ねずみ、ご覧になりたい方は中へどうぞ」と書かれてある。たらいの中には、木彫りのねずみ。それがチョロチョロ動くと評判になり、ねずみ屋は瞬《またた》く間に大繁盛。とうとう仙台一大きな宿屋になった。

ねずみ 7

おもしろくないのは、お紺《こん》と丑蔵《うしぞう》。

仙台一の木彫りの名匠《めいしょう》・飯田丹下《いいだたんげ》に虎を彫ってもらい、でき上がった虎を、ねずみをにらむ位置に置いた。すると、たらいの中のねずみがピタッと止まった。卯兵衛《うへえ》は驚いて腰が立ち、甚五郎《じんごろう》に手紙を出した。

主人「甚五郎《じんごろう》先生《せんせい》、私《わたし》の腰《こし》が立《た》ちました。ねずみの腰《こし》が抜《ぬ》けました」

間もなく、甚五郎《じんごろう》が一人の弟子を連れてやってきた。虎屋の虎を見たが、虎らしいゆとりも風格もまるでない。甚五郎がねずみに話しかける。

甚五郎「おい、ねずみ。私《わたし》はお前《まえ》に魂《たましい》を吹《ふ》き込《こ》んだ。なんであんな虎《とら》ににらまれただけで動《うご》かない。なぜだ」

問いつめると

ねずみ「えっ？　虎《とら》？　私《わたし》はずっと猫《ねこ》だと思《おも》っていた」

完

虎屋
ピタ
なんで動かない？
あんな虎に
にらまれたくらいで

編著者紹介

●グループこんぺいと

保育現場を持ちながら企画・編集するプロダクション。東京都世田谷区において，子どものスペース「台所のある幼児教室」を運営。幼児の発達にかかわるノウハウを活かし，シニア向けや介護にかかわる編著書も多数。

【ホームページ】http://www.compeito.jp

原案

●大山　敏

テレビ番組企画・構成。スポーツイベントや行政・各地方自治体・企業などのイベントの企画構成・演出，プロデュースなどを手がける。

イラスト

●カキフライ

フリーのイラストレーター。自ら制作したDVDやオリジナルグッズも好評。

【YouTube】https://www.youtube.com/user/haijimovie

【仕事のご依頼】teuritiket @ yahoo.co.jp

デザイン・岡本弥生（有限会社ベラビスタスタジオ）

声《こえ》に出《だ》して楽《たの》しむ落語《らくご》

2014年６月20日　初版発行
2014年12月25日　２刷発行

編著者　グループこんぺいと
発行者　武馬久仁裕
印　刷　株式会社　太洋社
製　本　株式会社　太洋社

発行所　株式会社　黎《れい》明《めい》書《しょ》房《ぼう》

〒460-0002　名古屋市中区丸の内3-6-27　EBSビル
☎052-962-3045　FAX 052-951-9065　振替・00880-1-59001
〒101-0047　東京連絡所・千代田区内神田1-4-9
松苗ビル４階　☎03-3268-3470

落丁本・乱丁本はお取替します。　ISBN978-4-654-05886-0